# BEI GRIN MACHT SICH IHR WISSEN BEZAHLT

Anonym

# Kernkompetenz HR (Human Resources). Lernzusammenfassung

GRIN Verlag

**Bibliografische Information der Deutschen Nationalbibliothek:**

Die Deutsche Bibliothek verzeichnet diese Publikation in der Deutschen National-
bibliografie; detaillierte bibliografische Daten sind im Internet über http://dnb.d-
nb.de/ abrufbar.

**Impressum:**

Copyright © 2014 GRIN Verlag, Open Publishing GmbH
Druck und Bindung: Books on Demand GmbH, Norderstedt Germany
ISBN: 978-3-668-00523-5

**Dieses Buch bei GRIN:**

http://www.grin.com/de/e-book/301900/kernkompetenz-hr-human-resources-lern-
zusammenfassung

**GRIN - Your knowledge has value**

Der GRIN Verlag publiziert seit 1998 wissenschaftliche Arbeiten von Studenten, Hochschullehrern und anderen Akademikern als eBook und gedrucktes Buch. Die Verlagswebsite www.grin.com ist die ideale Plattform zur Veröffentlichung von Hausarbeiten, Abschlussarbeiten, wissenschaftlichen Aufsätzen, Dissertationen und Fachbüchern.

**Besuchen Sie uns im Internet:**

http://www.grin.com/

http://www.facebook.com/grincom

http://www.twitter.com/grin_com

*Woraus ergibt sich ein Grundkonflikt aus dem Arbeitsverhältnis?*

b) Das Arbeitsverhältnis als Konfliktverhältnis

- Einsatz der AN zur Kapitalvermehrung
- Lohnzahlung als Gewinnanteil der AN
- Ungleichverteilung zwischen AG und AN führen zu Führungsproblemen, schlechtem Betriebsklima und sinkender Zufriedenheit der Betriebsmitglieder.

*Warum spricht man von einem Arbeitsverhältnis als mehrseitiges Tauschverhältnis?*

c) Das Arbeitsverhältnis als mehrseitiges Tauschverhältnis

- Erweiterter Organisationsbegriff in der Anreiz-Beitragstheorie (Stakeholder):
  - o Anspruchsgruppen = alle Teilnehmer, die ein Interesse an der Organisation besitzen
  - o Einbettung der Tauschbeziehung in institutionelle Regeln
  - o Organisation abhängig von den Beitragsleistungen der Teilnehmer
  - → Bedeutung der Verteilung der Aufgaben und Anreize.

*Wie erklären sich Unterschiede in der Lohnverteilung?*

Formen der Lohngerechtigkeit

| Form der Gerechtigkeit | Erläuterung |
|---|---|
| Anforderungs-gerechtigkeit | Bezahlung nach der Schwere der Arbeit, ihren Belastungen und den zu ihrer Ausführung erforderlichen Qualifikationen. |
| Leistungs-gerechtigkeit | Bezahlung nach dem Wertschöpfungsbeitrag, den Personen in einer bestimmten Position erbringen. |
| Soziale Gerechtigkeit | Bezahlung des sozialen Nutzens, den eine Person bzw. eine bestimmte Tätigkeit stiftet. (spielt in der aktuellen Lohnfindung kaum eine Rolle) |
| Markt-gerechtigkeit | Bezahlung des Arbeitsmarktwertes. Übersteigt die Nachfrage nach einer Qualifikation das Angebot, wird sie besser bezahlt. |

1

*Unter welchen Aspekt muss ein Arbeitsverhältnis auch als Organisationsverhältnis gesehen werden?*

d) Das Arbeitsverhältnis als Organisationsverhältnis

- Reales Arbeitsverhältnis komplexer als reines Tauschverhältnis
  → Verständnis als Organisationsverhältnis, dem eine institutionelle Ordnung zugrunde liegt.
- Anreize haben einen lokalen Bezugspunkt
- klares Regelwerk für die Zuteilung (kann nicht individuell angepasst werden)

*Beschreiben Sie die Anreizproblematik aus dem Blickwinkel unterschiedlicher Faktoren.*

Die Anreizproblematik aus dem Blickwinkel unterschiedlicher Faktoren

| Grundauffassung | Anreiztheoretische Frage | Arbeitnehmertypische Frage |
|---|---|---|
| Unternehmen sind Instrumente des Unternehmers. | Wie lässt sich die größtmögliche Produktivität erreichen? | Weshalb sollte ich mich für die versprochene Prämie verausgaben? |
| Unternehmen sind Zentren der ökonomischen Wertschöpfung. | Wem gehört die Wertschöpfung? | Warum steigen die Dividenden und stagnieren die Löhne? |
| Unternehmen sind kooperative Tauschsysteme | Wer „verdient" was? | Weshalb ist mein Kollege in einer besseren Gehaltsgruppe? |
| Unternehmen sind Institutionen. | Welches ist die gerechte Unternehmensverfassung? | Weshalb trägt meine Tüchtigkeit nur bescheidene Früchte? |

## 2. Überblick über Ansätze der Anreizgestaltung

*Stellen Sie eine Theorie ihrer Wahl und die dazugehörige Politik anhand eines beispielhaften Instruments und dessen Maßnahme vor.*

Theorien, Politikmuster und Gestaltungsansätze im Bereich der Anreizgestaltung

| Theorie | Politik | Instrument | Maßnahme |
|---|---|---|---|
| Zwei-Faktoren-Theorie | Lohnführerschaft | Sabbaticals | Delegation |
| Werte+Erwartungen | Sozialpolitik | Cafeteria-System | Incentives |
| Sozialer Einfluss | Karrieremuster | Erfolgsbeteiligung | OBMod |
| Effizienzlohntheorie | Arbeitsgarantie | Lohnformen | Auszeichnung |

*Was besagt die Zwei-Faktoren-Theorie nach Herzberg. Geben Sie ein kritisches Fazit dazu ab.*

a) Theorie

*Zwei-Faktoren-Theorie (Frederick Herzberg)*

* Hygienefaktoren = Rahmenbedingungen (extrinsische Faktoren)
* Motivatoren (intrinsische Faktoren)
➔ Positive Stimulierung durch ausreichende Motivatoren und Hygienefaktoren

**Kerngedanken der Zwei-Faktoren Theorie**

| Extrinsische➔ Motivation | Hygienefaktoren | Faktoren liegen nicht vor: Hohe Unzufriedenheit | Faktoren liegen vor: Keine Motivationskraft |
|---|---|---|---|
| Intrinsische➔ Motivation | Motivatoren | Faktoren liegen nicht vor: Keine Unzufriedenheit | Faktoren liegen vor: Hohe Motivation |

Kritik:

* Inhaltliche Widersprüchlichkeiten
* Beispiel:
  o Geld (extrinsisch) gleichermaßen positiv wie negativ bewertet
  o Karriere (intrinsisch bewertet), oftmals nur Mittel zum Zweck (höheres Einkommen, Status etc.) und setzt sich aus extrinsischen und intrinsischen Faktoren zusammen.

*Beschreiben Sie die Wert-Erwartungs-Theorie im organisatorischen Rahmen und betrachten Sie diese kritisch.*

*Werte und Erwartungen*

* Entscheidungstheorien
  (= Wert-Erwartungs-Theorien über das Verhalten in Organisationen)
* Eine einzelne Person wählt die Handlungsalternative, die ihr den meisten Nutzen (=Werterfüllung) verspricht.
* Bei bekannter Denkweise (Ziele, Werte, erwartete Handlungsfolgen), lässt sich Verhalten voraussagen.

- Menschen haben Erwartungen über das instrumentelle Verhältnis zwischen ihrem Handeln und dem Erfolg ihrer Handlungen.

Kritik

- Theorie ist zu allgemein
- Menschen als berechnendes Wesen
- Keine Berücksichtigung über die Verbindung von Teilzielen,
- Keine Aussage über unklare Erwartungen und über die Stabilität der Präferenzstruktur.

# 350- 352

*Beschreiben Sie das Modell der variablen Entlohnung und mögliche Gestaltungsparameter beispielhaft.*

## g) Variable Lohnfindung

- vorwiegend im Außendienst
- Frage der Sinnhaftigkeit
- Gestaltung eines variablen Entgeltsystems komplex und problematisch

Gestaltungsparameter von variablen Anreizsystemen

| Fragen | Beispielhafte Alternativen |
|---|---|
| Soll ein variables Anreizsystem implementiert werden? | Vorübergehend, dauerhaft, ergänzend |
| Welche Personen bzw. Tätigkeiten werden durch ein Anreizsystem erfasst? | Produktion, Vertrieb, Innen- oder Außendienst |
| Welche Anreizarten werden verwendet? | Geld, Incentives, Freizeit, Club, Budgetzuweisung |
| Welche Bezugsgrundlagen werden als Leistungsmaßstab verwendet | Umsatz, Deckungsbeitrag, Neukunden |
| Wie werden unterschiedliche Leistungsmaßstäbe gewichtet? | Gleich, gestuft, variabel |
| Wie werden Leistungsziele bestimmt? | Vorgabe, Vereinbarung, Rechenformel |
| Wie hoch ist der variable Anteil? | Über 50%, bis 30%. maximal 5-10% |
| Gibt es Abzüge für Minderleistungen? | Nein, bis zu einem bestimmten Mindestniveau |
| Welchen Verlauf weist die Lohnlinie auf? | Linear, progressiv, degressiv, gestuft |
| Wer erarbeitet das Anreizkonzept? | Berater, Mitarbeiter, paritätische Kommission |
| Welche Einführungsstrategie wird gewählt? | Pilotprojekte, Einführung auf breiter Front |

# 4: Grundlagen

## 1-33

# 5. Integration

## 34-62

*Was sind Merkmale von sozial integrierten Systemen?*

## Einführung

Merkmale von sozial integrierten Systemen
Eine Gruppe oder Ansammlung von Menschen mit

- Akzeptanz untereinander
- Freiwilligkeit
- Verbundenheit
- Konsistenz in der Art und Weise des Handelns

- Offenheit für Bedürfnisse Einzelner
- Engagement
- Zusammenhalt

- Gemeinsamen Handlungszweck
- Zufriedenheit
- Ordnung

*Benennen Sie Merkmale gelungener Integration, Aspekte der Integration und mögliche Integrationsprobleme.*

## Merkmale gelungener Integration
### Definition Integration:

Ein von einer gemeinsamen Orientierung getragenes Zusammenstimmen der Akteure.

- Integration ist kein fixer Zustand, da das soziale System immer im Fluss ist.
- Es kann integrationsfördernd sein, Gruppenmitglieder auszuschließen, weil ihr Verhalten die sozialen Strukturen stört (Sündenbock als Exempel)

## 3 Aspekte der Integration
- Zielübereinstimmung
  → Verinnerlicht die die Ziele der Organisation und vertritt sie nach außen hin offensiv
- Beziehungsqualität
  → Mitglied hat Anteil an den Erfolgen der Organisation und wir nicht benachteiligt

5

- Zukunftsorientierung
  → Mitgliedschaft in der Organisation ist langfristig ausgelegt

**Integrationsprobleme**
- Fremdes kulturelles Umfeld
  (z. B. andere Kriterien zur Bewertung von Status, Prestige, Geschäftsusancen)
- Unterschiedliche Interessenanlagen
  (z. B. Zerstörung der Ökologie für das Vorantreiben der Wirtschaft)
- Nicht Einhalten der gesetzlichen Auflagen
  (z. B. Organisation tätigt illegale Machenschaften, was zu einer Desintegration in der Gesellschaft führt, aufgrund des schlechten Rufes)

*Wann kann man behaupten, dass ein Individuum, eine Gruppe und eine Organisation integriert sind? Setzen Sie diese miteinander in Verbindung.*

**Betrachtungsebenen und Betrachtungsweisen der Integration**

| | Integration als Beziehung | Integration als Merkmal des betrachteten Systems |
|---|---|---|
| **Individuum** | Welche Voraussetzungen müssen erfüllt sein, damit eine Person in eine Gruppe integriert ist? | Was macht eine stabile Persönlichkeit aus, welche persönlichen Eigenheiten erleichtern das soziale Miteinander? |
| | Bsp.: Gruppenmitglied ist mit anderen Mitgliedern zufrieden und umgekehrt | Bsp.: Emotionale Stabilität, Selbstbewusstsein, soziale Reife |
| **Gruppe** | Wann kann man davon sprechen, dass eine Gruppe in die Organisation integriert ist? | Welche sozialen Kräfte tragen zur Integration der Gruppe bei? |
| | Bsp.: Enge Verzahnung der Gruppentätigkeiten, Empfänglichkeit für Gruppenbedürfnisse | Bsp.: Wir-Gefühl, gemeinsame Normen, Existenz von Konflikthandhabungsmechanismen |
| **Organisation** | Wann ist eine Organisation in ihr gesellschaftliches Umfeld integriert? | Welche Kräfte sorgen für den sozialen Zusammenhalt der organisationalen Subsysteme? |
| | Bsp.: Bereitstellung gesellschaftlich wichtiger Ressourcen durch die Organisation, Vorbildcharakter der Aufgabenerfüllung | Bsp.: Ineinander greifende Aufgabenstrukturen, homogene Belegschaft, transparente Kommunikation, gemeinsame Kultur |

# Welche Integrationskräfte agieren auf der Sozialebene und auf der Individualebene?

## Stabilisierende und destabilisierende Integrationskräfte

Integration ist kein „Alles-oder-nichts-Phänomenen"

- Merkmale können mehr oder weniger stark ausgeprägt sein
- gegenteilige Kräfte können aufeinander einwirken und Integration unterstützen oder sabotieren

Kräfte agieren auf der **Sozialebene** und der **Individualebene**

1. Individualebene:
   a. Wird von Nützlichkeitsüberlegungen bestimmt
   b. Treffen individuelle Interessen aufeinander, kommt selten ein harmonisches Co-Existieren zustande
   c. Zwischenmenschliche Sympathie
   d. Wertehaltungen (z.B. Kooperationsbereitschaft oder Verantwortungsbewusstsein)

2. Sozialebene
   a. Gemeinsame, soziale Normen, gesellschaftlicher Werte
      → Verletzung dieser führt zum Ausschluss
   b. Wirkung der Macht durch Zwang
   c. Können pro und contra zur Integration sein
      *pro = Norm, sich gegenseitig zu helfen; con = Etablierung unfairer Verteilungsregeln*
   d. Aufgabenteilung zwischen den Systemkräften
   e. Rollengefüge
      → Rollen, die sich gegenseitig unterstützen oder behindern
      (z.B. darf eine Führungskraft toben, weil es zu seiner Rolle passt und er dadurch andere antreibt, die darauf reagieren)
   f. Institutionen, die Konflikte regulieren und in produktive Bahnen lenken
      (z.B. Betriebsrat)
   g. Verfügbarkeit von Ressourcen
      → Knappheit führt zu Verteilungskonflikten und gefährdet dadurch die Integration

# Wovon ist die Integrationsanforderung abhängig?

## Situative Relativierung

Unterschiedliche Faktoren bestimmen die Stärke der Integrationsanforderung und des Bedarfs:

⇨ Die Aufgabe der Gruppe
   (z.B. Einladen im Supermarkt vs. Arktisexpedition)
⇨ Formale Stellung der Person
   (z.B. CEO integrierter im Unternehmen als Putzkraft)
⇨ Persönliche Eigenschaften der Gruppen- oder Organisationsmitglieder
   (z.B. hoher Bedarf bei geringen sozialen Fähigkeiten)

⇨ Situative Bedingungen
  (z.B. hoher Bedarf in Krisenzeiten)
⇨ Soziales Umfeld
  (z.B. Integration schwieriger in individualistischen Kulturen als in kollektivistischen)

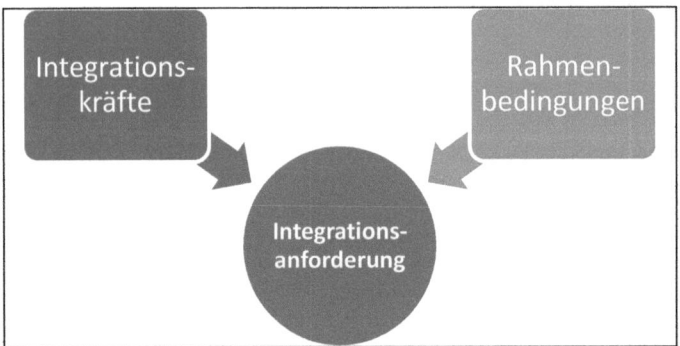

- Rahmenbedingungen definieren die Integrationsanforderung
- Integrationskräfte sind dafür verantwortlich, ob der Integrationsanforderung entsprochen wird
- Unterscheiden sich auf der Individualebene und der Sozialebene:

⇨ Beispiele für die Individualebene:
  o Rahmenbedingung: Arbeitslosigkeit
  o Integrationsanforderung: Bindung an das Unternehmen
  o Integrationskraft: Nutzenüberlegung
⇨ Beispiele für die Sozialebene:
  o Rahmenbedingung: Starker Wettbewerbsdruck
  o Integrationsanforderung: Hohe Belastbarkeit der Sozialbeziehung
  o Integrationskraft: Akzeptierte und günstige Rollenkonstellation

*Erläutern Sie zwei Argumentationslinien der Integration?*
**Sozial- und Systemintegration**

Zwei Argumentationslinien bzgl. der Integration
  1. Sozialintegration
     a. Beziehungsqualität zwischen der Organisation und Mitgliedern und den einzelnen Mitgliedern untereinander
     b. Wird definiert durch:
        i. Emotionale Verbundenheit
        ii. Vertrauen
        iii. Loyalität
        iv. Geringe Konflikthäufigkeit

      v. Gutes Betriebsklima

2. Systemintegration
   a. Zusammenspiel der verschiedenen Teilsysteme einer Organisation unabhängig von sozialen Beziehungen
   b. Wird definiert durch:
      i. Effektive, unpersönliche Steuerungsmechanismen
      ii. Fähigkeit zur Selbstregulation
        (d.h. das soziale System kann Gleichgewichtsstörungen selbstständig ausgleichen)

# Integration: Theorie

*Benennen und erläutern Sie eine Theorie ihrer Wahl im Rahmen der Integration.*

**Extra-Motivation**
= Extra-Motivation meint eine Motivation, die deutlich jenseits dessen liegt, was man üblicherweise erwarten kann.

- Vom Arbeitgeber sehr erwünscht / verlangt
   - o **DOCH**: ein extrem hoher, dauerhafter Arbeitseinsatz kann zu gesundheitlichen Beeinträchtigen führen
      → daher nicht legitim vom Arbeitgeber, es einzufordern

- Extra-Motivation ist **keine quantitative Leistungsmotivation**, sondern eine **inhaltliche Motivation**
   - o AN erfüllt Aufgaben über seine Arbeitspflicht hinaus ohne aufgefordert zu werden
   - o AN berücksichtigt dabei die Einbettung in andere Arbeitskontexte
   - o AN handelt im Sinne der Gesamtaufgabe des Unternehmens
   - o AN will sein spezielles „implizites" Wissen beweisen (z.B. spezieller Umgang mit Kunden)
   - o AN lernt und kooperiert freiwillig und proaktiv (Extra-Motivation auf sozialer Ebene)

- Extra-Motivation kann eine gute Absicht verfolgen, dennoch ist die Verhaltenswirkung kontraproduktiv
(z.B. Bankberater rät von einer riskanten Investition ab, obwohl dies der Bank Gewinne eingebracht hätte)

*Erklären Sie den Unterschied zwischen Motivation und Extra-Motivation.*
*Erläutern Sie 12 Motivationale Orientierungen?*

## Motivation zur Extra-Motivation

- Ausgangslage ist eine Diskrepanz zwischen einem Soll-Zustand und einem Ist-Zustand
  → Motivation ist das Streben, die Diskrepanz auszugleichen

- Soll-Größen: Werte, Bedürfnisse, Ziele, Normen, Streben nach kognitiver Ordnung, Selbstbild

- Motivationale Orientierungen (relativ stabile Dispositionen)
⇨ Extrinsische Motivation:
  - Bezieht sich auf die Verhaltensergebnisse
  - Externe Belohnungen
⇨ Intrinsische Motivation
  - Antrieb aus der Handlung selbst, den *Arbeitsinhalten*
  - Ausgang der Handlung irrelevant
  - Intrinsische Belohnung (z.B. selbstbestimmte Entfaltung der eigenen Fähigkeiten)
⇨ Instrumentelle Arbeitsorientierung
  - Die Arbeit hat keinen eigenen Wert, sondern dient nur der Einkommenssicherung
  - Belohnungen oder Verbesserungen der Arbeitsbedingungen führen zu keiner höheren Arbeitsmotivation
⇨ Extra-Rollen-Verhalten
  - Rollen-Verhalten = Anpassung des Verhaltens an die Rolle
  - Extra-Rollen-Verhalten = Verhaltensweisen, die über die Rolle hinausgehen
  - Spontanes innovatives Verhalten
⇨ Aufgabenleistung und Kontextleistung
  - Leistungen, die das soziale und psychologische Umfeld stabilisieren, damit die Arbeit die ganze Wirkung entfalten kann
  - Z.B. Hilfestellungen oder Aushelfen bei Krankheitsfall
⇨ Organizational Citizenship Behaviour (OCB)
  - Allgemeine Hilfsbereitschaft
  - **„Generalized compliance"** = vorbildliche Pünktlichkeit, Respekt für das Eigentum des UN, vertrauensvolles Einhalten der unternehmerischen Regeln und Vorschriften
  - **„Sportsmanship"** = Unempfindlichkeit gegenüber Unbequemlichkeiten und Verzicht auf Beschwerden
  - **„Courtesy"** = Mit- und Vorausdenken
  - **„civic virtue"** = Beteiligung an den organisationalen Angelegenheiten, durch z.B. Teilnahme an Sitzungen und Informationsveranstaltungen
    → OCB auf drei Verhaltensbereichen
    1. Aufgabenebene (z.B. Extra-Anstrengungen)
    2. Interpersonelle Beziehungen (z.B. Kooperation und Unterstützung)
    3. Organisationsebene (Loyalität, Commitment)

- ⇨ Leistungsorientierung
  - o Leistungsorientierung = Ausspielen vorhandener Fähigkeiten und das Hervortun gegenüber anderen
  - o Positiv in Wettbewerbssituationen
- ⇨ Lernorientierung
  - o Lernorientierung = tiefes Verständnis von der Aufgabe und dem Aufgabenumfeld und dadurch eine Weiterentwicklung der eigenen Fähigkeiten
  - o Positiv in stressfreien Arbeitssituationen mit geringem Schwierigkeitsgrad
- ⇨ Emotionale Bindung
  - o Auch: „work attachment"; „job attachment"; „job involvement"
  - o Emotionale Besetzung durch die Arbeit und welchen Stellenwert sie im Leben hat
- ⇨ Arbeitslust
  - o „Flow" = Im Gefühl vollkommener Kontrolle mit der Arbeit verschmelzen und alles Nützliche aufnehmen zur Vollbringung der Arbeit
  - o „Thriving" = Hohe Vitalität verbindet sich mit einem starken Streben nach Einsicht und Lernen
- ⇨ Arbeitssucht und Arbeitsstress
  - o Schädliche, eher krankhafte Form der Arbeitsorientierung
  - o Burnout-Gefährdet wegen emotionaler Erschöpfung und Nichterfüllung der persönlichen Ziele
- ⇨ Entfremdung
  - o Gefühl der Nichtzugehörigkeit, des Unverstandenen und des Unverständlichen

*Welche Hintergründe könnten für die Personalforschung von Interesse sein beim Auftreten von Motivationsdefiziten?*

- Interesse der Personalforschung, wo *motivationale Potentiale* und *motivationale Defizit* auftreten:
  - o Welcher Umfang?
  - o Welche Unternehmensbereiche?
  - o Bei welchen Aufgaben?
  - o Bei welchen Personengruppen?
  - o Welche Bedingungen führen zu wünschenswerter bzw. nicht wünschenswerter Arbeitsorientierung?

- Motivationsbedingungen in der betrieblichen Situation
  - o Motivationsaufforderungen
    - ▪ Anreize (z.B. monetäre Belohnungen, soziale Anerkennung, Unterstützung)
  - o Motivationsbarrieren

- Blockaden (z.B. verständnislose Vorgesetzte, physisch belastende Arbeitsbedingungen, Eintönigkeit)

*Nennen Sie Faktoren der Arbeitszufriedenheit und ordnen Sie diese den Forschungen zu*

- Arbeitszufriedenheitsforschung
  - Bedürfnis-Befriedigungs-Fragebogen über:
    - Sicherheit
    - Ansehen
    - Unabhängigkeit
    - Gute soziale Beziehungen
    - Selbstverwirklichung
  - Allensbacher Institut für Demoskopie
    - Beschäftigungssicherheit
    - Nette Kollegen
    - Abwechslungsreichtum
    - Altersvorsorge
    - Einkommen
    - Stress
    - Kontaktmöglichkeiten
    - Zukunftssichten
  - US-amerikanisches General Social Survey
    - Einkommen
    - Wichtigkeit der Karrieremöglichkeiten
    - Prestige
    - Flexible Arbeitszeiten
    - Soziale Nützlichkeit der Tätigkeit

*Beschreiben und erläutern Sie das Erklärungsmodell „Arbeitsengagement aus freien Stücken". Gehen Sie außerdem auf einen der unterstellten Kausalpfade näher ein und erörtern Sie, unter welchen Umständen der behauptete Zusammenhang nicht gelten dürfte. Nehmen Sie außerdem eine kurze Würdigung des Modells anhand von zwei ausgewählten Kriterien zur Beurteilung von Theorien vor.*

**Ein Modell der Extra-Motivation**
Erklärungsmodell für das *„Arbeitsengagement aus freien Stücken"*

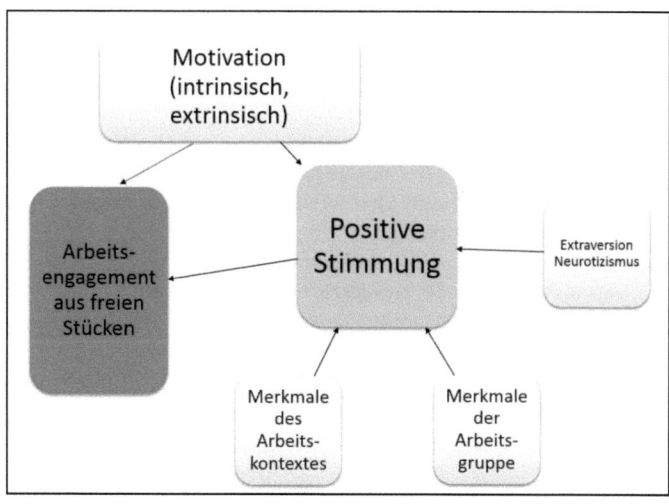

- Idee hinter dem Modell: „Feeling good, doing good!"
- Hinzuziehen von Persönlichkeitsdispositionen:
  - Neurotizismus = affektive Stabilität einer Person (negative Affektivität)
  - Extraversion = nach außen gerichtetes, aktives und geselliges Wesen (positive Affektivität)
    → nicht Gegenteil voneinander sondern agieren in unabhängig voneinander
- Merkmale Arbeitskontext = Beispiel: Arbeitssituation
- Merkmale Arbeitsgruppe = Beispiel: Gruppengröße

*Stellen Sie Konstrukte zur Erklärung von Extra-Motivation dar und geben Sie Beispiele für konkrete Variablen.*
*Hinterfragen Sie Müller/Bierhoffs Modell kritisch und geben Sie Lösungsansätze an.*

Konstrukte zur Erklärung von Extra-Motivation und Beispiele für konkrete Variablen (nach Müller/Bierhoff)

| Konstrukte | Konkrete Variablen | Konkrete Variablen |
|---|---|---|
| Wahrnehmung | Belastungsfähigkeit | Situative Sensibilität |
| Kognitives System | Einstellung: „Arbeit ist ein notwendiges Übel" | Wertehaltung: „Führen heißt Verantwortung übernehmen." |
| Motivation | Leistungsmotivation | Belohnungserwartung für bestimmte Verhaltensweisen |
| Handlungskompetenz | Fachkompetenz | Durchsetzungsfähigkeit |
| Affekt | Angenehme Stimmung | Ärger |

⇨ Wertehaltungen weisen eine starke Kausalität auf in Zusammenhang mit Extra-Motivation
(Beispiel: hohes Verantwortungsbewusstsein führt zu Gedanken über den Aufgabenzusammenhang)

⇨ Modell ist nicht empirisch bewiesen, weist dennoch einen Erkenntniswert auf:
  o Große Bedeutung der Gefühlslage für die Motivationsdynamik
  o Zusammenstellung psychischer Grundfunktionen als Grundgerüst für die Analyse der Motivationslage

⇨ Einflussnahme auf die Freiwilligkeit ist kontraproduktiv
  o Organisationsmitglieder entwickeln bewusst oder latent Abwehrmechanismen, um ihre Handlungsfreiheit zu verteidigen
    → DAHER: Einflussnahme durch *Kontextkontrolle*

⇨ *Kontextkontrolle* = Personalauswahl achtet auf affektive Grunddispositionen und stellt Teams mit ähnlichen Einstellungen zusammen, um ein positives Gruppenklima zu schaffen

# 84-119

*Welche Einflussfaktoren wirken auf die Integrationskräfte?*
*Charakterisieren Sie den Begriff „flexible Firma" und benennen Sie die einzelnen Segmente.*

### Die Flexible Firma

- Einfluss auf Integrationskräfte nicht nur vom Arbeitgeber sondern auch:
  o Tarifliche Vereinbarungen
  o Arbeitnehmervertreter
  o Gesetzliche Vorgaben
  o Berufsstandards
  o Traditionen
  o Gesellschaftliche Wertschätzung
  o Etablierte Karrieresysteme
  o Mikropolitische Prozesse

  → Privilegien sind nicht personengebunden sondern stellengebunden
- Flexibilisierung steht nicht an erster Stelle in der „flexiblen Firma" sondern kurz- oder langfristiger ökonomischer Erfolg

- Charakterisierung der Stellensituation
  o Segmentation
    = Aufspaltung des Stellengefüges in verschiedene Teilsegmente (z.B. Stabsstellen)
    (z.B. gibt es selten homogene Märkte sondern Teilarbeitsmärkte)

- o Segregation
  = (ungleiche) Verteilung unterschiedlicher Personengruppen auf Teilsegmente
  (z.B. geringe Besetzung von Frauen im Top-Management)

- Theorie des dreigeteilten Arbeitsmarktes
  - o Unstrukturiertes Segment
    → Zugang durch „Jedermann-Qualifikationen"
  - o Berufsfachliches Segment
    → Zugang durch spezifische Ausbildungswege
  - o Betriebsinternes Segment
    → Zugang durch Entwicklung betriebsspezifischer Fähigkeiten

→ **Größtes Segmentierungskriterium: Große Flexibilität in der Beschäftigung**

*Was ist die Erosion des Normalarbeitsverhältnisses?*

**Beschäftigungsverhältnisse**
- Erosion des Normalarbeitsverhältnisses (= unbefristete Vollzeitstelle)
  - o Befristete Arbeitsverträge
  - o Teilzeitarbeit
  - o Leiharbeit
  - o Geringfügige Beschäftigung
  - o Beschäftigung im Rahmen von Fördermaßnahmen
  - o Freie Mitarbeiter
  - o Ein-Euro-Jobs
  - o Saisonarbeit
  - o Kurzfristige Beschäftigung
  - o Praktika
  - o Volontariaten
  - o Ausbildungsverhältnisse

→ Zunahme flexibler Beschäftigungen

*Welche Arten von Segmentierungen können unterschieden werden? Gehen*
*Sie auf die mit den größten Integrationsschwierigkeiten näher ein.*

**Kern- und Randbereiche**
- Unterscheidung von 3 Beschäftigungskreisen:
1. Innerer Kreis
   a. Kernbelegschaft
   b. gesichertes Arbeitsverhältnis
   c. Träger des zentralen Leistungsprozesses
2. Mittlerer Kreis
   a. Nutzung für Auslastungsschwankungen
   b. AN mit „normalen" Arbeitsverträgen mit wenig anspruchsvollen Tätigkeiten
   c. Teilzeitarbeitnehmer
   d. Kurzfristige Verträge und Job-sharing

3. Äußerer Kreis (Randbelegschaft)
    a. Externe Gruppen
    b. Fremdfirmen
    c. Leiharbeiter
    d. Freie Mitarbeiter

➔ Segmentierung für funktionale Flexibilisierung
➔ Einstellen auf inhaltliche Anforderungsveränderungen
➔ Segmentierung ist stabiler, wenn sie sich auf verschiedene Betriebsstandorte erstreckt


- Leiharbeitsfirmen (Randbelegschaft)
    o Unternehmen lagern Personal in Leiharbeitsfirmen aus, um die MA dann zu günstigeren Tarifverträgen wieder einzustellen
    o Einsatzmöglichkeiten für Leiharbeiter:
        1. Schutz der Belegschaft in Beschäftigungskrisen
           (anstelle von Kündigungen, Transfer in die Leiharbeitsfirma)
        2. Sicherstellung der Auslastung der Produktionskapazitäten
           (bei Ausfall der Belegschaft)
        3. Lohnkosten drücken
    o Motivation (Hoffnung auf Festeinstellung) vs. Frustration (unfaire Behandlung)

*Welche Auswirkungen hat die Segmentierung auf die Leistung, Kooperation und das Lernen in einer Organisation?*

Auswirkungen der Segmentierung der Belegschaft

| Funktion | Wirkungen | Bedingungen |
|---|---|---|
| Leistung | Steigerung der Ertragssituation Hohe Einarbeitungskosten | Gleichbleibende Arbeitsleistung Komplexe Aufgaben |
| Kooperation | Identifikation der Kernbelegschaft Rivalitäten zwischen Kern und Rand | Attraktiver Arbeitgeber Verkoppelung von Kern und Rand |
| Lernen | Lerntransfer Innovationsstau | Weitergabe der Kenntnisse Rationalisierungspotentiale |

- Wissenstransfer in der flexiblen Firma
    o Externe bringen neues Knowhow ins Unternehmen

- Funktionale Flexibilität durch Investition in Arbeitnehmer-Arbeitgeber-Beziehung
- Numerische Flexibilität durch Kostenreduktion und optionaler Abschöpfung der gegebenen Ressourcen
    ➔ Negative Korrelation zwischen dem Streben nach funktionaler Flexibilität und numerischer

→ Konzept der „Flexiblen Firma" daher strittig, da beide Flexibilitäten vertreten sein sollten
- Beeinflussungsfaktoren der Flexiblen Firma
  - o Räumliche Trennung der Segmente
  - o Organisatorische Trennung der Segmente
  - o Qualifikatorische Trennung der Segmente
  - o Randgruppe als quantitatives Randphänomenen (bleiben in der Minderheit)
  - o Berücksichtigung der Herkunft (soziales Milieu)
  - o Einheitliche kollektive Interessenvertretung aller MA
  - o Entkoppelung der Arbeitsbedingungen und Arbeitsprozesse der einzelnen Segmente
    → Flexible Firma fragwürdig im Hinblick auf die Integrationskriterien
      - Doppelstrang in der Personalpolitik (Sozialgebilde vs. Berechnender Egoist)
      - Gefahr der Abkapselung in der Segmention anstelle der organisatorischen Zusammenarbeit

## *Welche personalpolitische Bedeutung weist die Leiharbeit gegenüber der Befristung auf?*

Auswirkungen von Leiharbeit und Befristung

| Funktion | Leiharbeit | Befristung |
|---|---|---|
| *Selektion* | Geringer Beschaffungsaufwand | Nutzung als Bewährungsphase |
| | Geringe Gestaltungsmöglichkeiten | Wenig attraktiv für Bewerber |
| *Aufgaben* | Erledigung ungeliebter Aufgaben | Bearbeitung von Projekten |
| | Geringe Innovationsimpulse | Geringe Identifikation |
| *Anreize* | Geringere Lohn- und Sozialkosten | Streben nach Dauerbeschäftigung |
| | Keine weiterführenden Anreize | Gefühl der Abhängigkeit |
| *Kontrolle* | Einfacher Personalaustausch | Starkes Druckmittel |
| | Keine kollektive Interessenvertretung | Passive Interessenvertretung |
| *Sozialisation* | Große Anpassungsbereitschaft | Große Anpassungsbereitschaft |
| | Akzeptanzprobleme | Gefahr von Statuskonflikten |
| *Integration* | Geringer Integrationsaufwand | Geringer Integrationsaufwand |
| | Passive Zufriedenheit | Mentale Vorbehalte |

*Die personalpolitische Bedeutung von Leiharbeit und Befristung*

- Leiharbeit
  - o Lohnniveau der Leiharbeiter liegt deutlich unter dem üblichen Niveau
  - o Geringer Beschaffungsaufwand für die Entleihfirma
  - o Kompromisse bzgl. der Passgenauigkeit des Anforderungsprofils
  - o Kaum Impulse von den Leiharbeitern im Unternehmen

- o Beschäftigungspuffer für Entleiher
- o Leiharbeiter haben die Möglichkeit unterschiedliche Berufserfahrung zu sammeln
- o Spaltung der Arbeitnehmerschaft führt zu einer Schwächung der kollektiven Interessenvertretung
- Befristung
  - o sachlich begründete Befristung (z.B. AN vertritt einen anderen AN)
    - maximal 2 Jahre zulässig (4 Jahre bei neugegründeten Unternehmen)
    - Bei Arbeitslosen über 52 Jahren, die ein Arbeitsverhältnis eingehen gilt eine Frist von 5 Jahren
    - darf 3 mal innerhalb der Frist verlängert werden
    - Weiterbeschäftigung über die Frist hinaus gilt als unbefristetes Arbeitsverhältnis
  - o Sachgrundlose Befristung
    - Häufig angewendet
    - Besonders bei Berufsanfängern
  - o Befristung kontraproduktiv zur Schaffung von Identifikation, Führung oder Spezialistenaufgaben
  - o Druckmittel zur Verhaltenskontrolle
  - o Kaum Entwicklung von Engagement bzgl. kollektiver Interessen
  - o Integrationsaufwand gering, da Befristete sich anpassen „wollen" (zur Übernahme)

## *Kritisieren Sie die Flexible Firma.*
Beurteilung der Flexiblen Firma
- Flexible Firma folgt einem sehr engen Flexibilisierungsverständnis
- Deregulierung (Abschaffung der Einmischung des Staates und Verringerung der Bürokratie)
  - o Soll der mangelnden Flexibilität der Wirtschaft helfen
  - o Flexibilisierung der Beschäftigungsverhältnisse als Mittel
  - o Arbeitslosigkeit verringern
  - o Wettbewerbsfähigkeit steigern
- Personalpolitische Fragen eng mit Interessen verknüpft (und somit mit der Flexiblen Firma)
  - o Beschäftigungssicherung & Beschäftigungsrisiken
  - o Handlungsbeschränkungen & Handlungsfähigkeit
  - o Lastenverteilung & Gewinnmöglichkeiten
  - o Bedeutung des Arbeitsrecht und der Arbeitsparteien
  - o Wirtschafts- und Sozialpolitik
  - o Internationale Arbeitsteilung
  - o Lebenslage und Berufsperspektive der Menschen
- „Flexible Menschen" sind an den Anforderungen überfordert = „Korrosion des Charakters"

→ **Gesamtbeurteilung der Flexiblen Firma**

- ➤ Deskriptive Betrachtung
  - ○ Einigermaßen überzeugend
  - ○ Logik der beschäftigungspolitischen Flexibilisierung
- ➤ Normative Betrachtung
  - ○ Nicht ideal
  - ○ Flexible Beschäftigungsformen können moderat eingesetzt hilfreich sein
  - ○ Umfängliche Externalisierung der Arbeit und rigorose Segmentierung der Beschäftigung als negativ beurteilt

# Integration: Gestaltung

*Womit befasst sich das Beschäftigungsmanagement und inwiefern stellt es eine Alternative zur flexiblen Firma dar?*

**Beschäftigungsmanagement**
- Befasst sich mit der quantitativen und qualitativen Ausgestaltung der Beschäftigungsverhältnisse
- Alternative zur flexiblen Firma
  - ○ Qualitative Dimension:
    - ▪ Beschäftigungsformen anwenden und vertraglich und inhaltlich ausgestalten
    - ▪ Gestaltungsparameter nutzen und Gestaltungsalternativen kennen bzgl. der unterschiedlichen Beschäftigungsverhältnisse
    - ▪ Durch betriebsspezifische Gestaltung der Beschäftigungen:
      - ○ Bewerber gewinnen oder abschrecken
      - ○ Reputation aufbauen oder verlieren
      - ○ Motivation stärken oder schwächen
  - ○ Quantitative Dimension:
    - ▪ Umsetzung und Konzipierung der Personalbedarfsplanung
    - ▪ Unterschiedliche Ausrichtung:
      - ○ Wechselfälle des Produktmarktes beachten und kurzfristig daran anpassen
      - ○ Personalfluktuation verringern und langfristige Orientierung an die Wirtschaft mit einer kontinuierlichen Beschäftigungsentwicklung
        → Für AN und AG sinnvoll
    - ▪ Zusammensetzung der Belegschaft
      - ○ Altersstrukturen
      - ○ Geschlechterstrukturen
      - ○ Qualifikationsniveau
      - ○ Zahl der Auszubildenden

*Charakterisieren Sie die Aufgaben und die dazugehörigen*
*Gestaltungsparameter des Beschäftigungsmanagements und erläutern Sie die*
*Gestaltungsansätze.*

Inhaltliches Spektrum des Beschäftigungsmanagements

| Aufgaben | Charakterisierung | Typische Fragestellung | Gestaltungspara meter |
|---|---|---|---|
| Umsetzung der Personalplanung | Personalbereitstellung, Verstetigung der Personalbewegungen, Beschäftigungssicherung | Wie können die vorhandenen Arbeitsplätze erhalten werden? | Auftrags- orientierte variable Arbeitszeit |
| Beeinflussung der Personalstruktur | Zusammensetzung der Belegschaft nach psychographischen und soziographischen Merkmalen | Welche Anreize verbleiben angesichts eingeschränkter Aufstiegsmöglichkeiten? | Akademiker- quote |
| Gestaltung der Beschäftigungsverhä ltnisse | Ausgestaltung unterschiedlicher Arbeitsvertragsformen und Eingehen von Kooperationen | Welche Vor- und Nachteile at die Segmentierung der Belegschaft? | Outsourcing |

Gestaltungsansatz Strategie
- Beschäftigungsschwelle
    - o Niedrig: Neueinstellungen
    - o Hoch: Mehrarbeit wird durch Überstunden kompensiert
- Personalstruktur
    - o Bestqualifizierten Hochschulabsolventen abwerben
    - o Berufe für Nichtakademiker mit Hochschulabsolventen besetzen für eine breitere Basis des Qualifikationsniveaus
- Altersstruktur
    - o Bloße Kompensation der Folgen der Altersverschiebung aufgrund der Annahme, dass sich die Altersstruktur nicht beeinflussen lässt
    - o Ausfall von älteren MA durch rechtzeitige „Vorratsbildung" an jungen MA abmildern

Gestaltungsansatz Instrumente und Maßnahmen
- Unterschiedliches Ausmaß an Proaktivität des Unternehmens bzgl. der Instrumente
  → Beispiel für hohe Proaktivität:
  Erschließung neuer Märkte, um die bedrohte Arbeitsplätze zu erhalten.

| Maßnahmen | Vermutete/erwünschte Wirkung |
|---|---|
| Veränderung der Leistungspolitik | Durch die Schaffung von neuen Märkten, durch Diversifizierung, durch Unternehmertum entsteht mehr Beschäftigung. |
| Ersetzung von Fremd- durch Eigenleistungen | Die Verlagerung externer Leistungen auf die eigenen Mitarbeiter schafft neue Beschäftigungsmöglichkeiten. |
| Abbau von Leiharbeit | Die Rückübertragung von ausgelagerten Tätigkeiten auf die eigenen Mitarbeiter schafft neue Beschäftigungsmöglichkeiten. |
| Befristung | Durch Befristung wird es möglich, bei sinkendem Personalbedarf auf eine Wiederbesetzung zu verzichten. |
| Urlaubsverlagerung | Die Verlagerung des Urlaubs auf Zeiten mit geringer Beschäftigungsintensität ermöglicht eine Glättung der Beschäftigung. |
| Gleitzeit mit Freizeit- ausgleich | Durch die Einrichtung von Gleitzeiten kann die Beschäftigung auf Zeiten mit hoher Beschäftigungsintensität gelenkt werden. |
| Auftragsorientierte variable Arbeitszeit | Die „Arbeit auf Abruf" ermöglicht die „punktgenaue", auf den tatsächlichen Arbeitsanfall abgestimmte Personaleinsatzplanung. |
| Umwandlung von Vollzeit- in Teilzeitstellen | Bei gleichbleibendem Arbeitsvolumen wird die Beschäftigung einer größeren Zahl von Arbeitnehmern möglich. |
| Altersteilzeit | Der Übergang älterer Arbeitnehmer auf Teilzeitstellen reduziert das zur Verfügung stehende Personalvolumen. |
| Outsourcing | Auslagerung von Bereichen, in denen keine kontinuierliche Beschäftigung gesichert werden kann. |
| Personaleinsatzpools | Die „Pools" vereinen Mitarbeiter aus unterbeschäftigten Bereichen und bedienen Bereiche mit einem hohen Personalbedarf. |
| Interner Stellenaustausch | Versetzungen, Umsetzungen und befristete Entsendungen schaffen einen internen Beschäftigungsausgleich. |
| Externe Entsendung | Dauerhafte oder befristete Entsendungen sind milde Formen eines Beschäftigungsabbaus. |
| Interne Arbeitsbeschaffung | Durch Erledigung von Restarbeiten, durch Umräumarbeiten usw. können kurzfristige Beschäftigungsleerläufe überbrückt werden. |
| Abbau von Überstunden | Weniger Überstunden einer Beschäftigtengruppe sind mehr Beschäftigungsstunden für andere Beschäftigtengruppen. |
| Arbeitszeitverkürzung | Arbeitszeitverkürzungen haben denselben Effekt wie der Überstundenabbau. |
| Beschäftigungs- und Qua- lifizierungsgesellschaften | In eigens geschaffenen Gesellschaften werden eigentlich „freizusetzende" Mitarbeiter umgeschult bzw. höher qualifiziert. |
| Fluktuationsausnutzung | Nichtbesetzung von freiwerdenden Stellen ist die einfachste Art des Beschäftigungsabbaus, aber mit Umsetzungen verbunden. |
| Kurzarbeit | Wegen der öffentlichen Zuschüsse kostengünstige und sozialverträgliche Reduzierung der betriebsüblichen Arbeitszeit. |
| Aufhebungsverträge | Durch die Gewährung von Abfindungen entsteht ein Anreiz für die Mitarbeiter, das Unternehmen „freiwillig" zu verlassen. |
| (Massen-) Entlassungen | Massenentlassungen sind kurzfristige Maßnahmen, sie können aufgrund der Sozialplanpflicht kostenintensiv sein. |

## Gestaltungsansatz Strukturen

- Anpassen des Beschäftigungsmanagements an Strukturen
- Strukturen außerhalb des unternehmerischen Einflusses:
  - Arbeitsrecht
  - Arbeitspolitische Institutionen
  - Wirtschaftsstruktur
  - Wirtschaftspolitik

➔ Reaktion auf Strukturen
- ▪ Strikt an die gesetzlichen Vorschriften halten
- ▪ An der gängigen Praxis orientieren
- ▪ Gegebene Spielräume nutzen
- Unternehmensinterne Strukturen (die ein bestimmtes Beschäftigungs-Managment-Handeln veranlassen, lenken oder beeinflussen)
  - o Entscheidungs- und Regelungsstrukturen
  - o Verfahren zur Beteiligung der Arbeitnehmervertretung
  - o Unternehmenskultur als Struktur
  - o Ausgestaltung interner Arbeitsmärkte

*Welche Wirkungen kann man sich vom Beschäftigungsmanagement erhoffen und welche Kriterien werden dafür ausgewählt?*
*Geben Sie ein allgemeines Schema zur Beurteilung von Gestaltungshandlungen wieder, konkretisieren Sie dieses an einem konkreten Beispiel und hinterfragen Sie dieses anschließend kritisch.*

Wirkungen
- Kriterien zur Sicherung der Wirkung

| Funktion der Organisation | Beurteilungskriterium |
|---|---|
| Leistung | Lohnkosten, Beschaffungskosten, Flexibilität, Produktivität |
| Kooperation | Reputation, Vertrauen, Extra-Rollenverhalten. Bindung, Teamgeist, Konfliktfähigkeit |
| Lernen | Bindung von Humankapital, Knowhow, Innovationsverhalten |

## Wirkungshypothesen

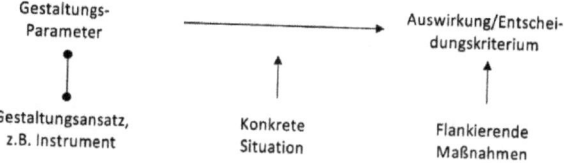

*Allgemeines Schema zur Beurteilung von Gestaltungshandlungen*

Gestaltungs-Parameter → Auswirkung/Entscheidungskriterium

Gestaltungsansatz, z.B. Instrument

Konkrete Situation

Flankierende Maßnahmen

*Beispiel Personalplanung: Variable Arbeitszeitgestaltung*

Qualifizierte Springerfunktion → Betriebstreue

Variable Arbeitszeitgestaltung

Erfahrung im Unternehmen

Einbindung in soziale Veranstaltungen

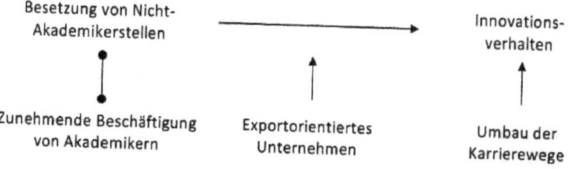

*Beispiel Personalstrukturen: Akademisierung*

Besetzung von Nicht-Akademikerstellen → Innovationsverhalten

Zunehmende Beschäftigung von Akademikern

Exportorientiertes Unternehmen

Umbau der Karrierewege

*Beispiel Beschäftigungsverhältnisse: Outsourcing*

Volle wirtschaftliche Eigenständigkeit → Gewinnsituation

Ausgliederung eines Unternehmensbereichs

Wirtschaftliche Situation

Übergangsfrist

## Beurteilung

- Pauschalberteilung des Beschäftigungsmanagements nicht möglich
  → Problemlage unübersichtlich und komplex
  → zu viele Interessenkonflikte
- **Grundfrage:**
  Wessen Flexibilität soll auf wessen Kosten verbessert werden?
- Interessen sind nicht gleichberechtigt
  → Diskurs über moralische Fundierung der Entscheidung führen

- Kosten-Nutzen-Analyse durchführen
- Kreative Lösungen sollen gefunden werden und die angewandten Wirkungshypothesen kritisch betrachten